AF278530

NOTICE

SUR

QUELQUES CYLINDRES ORIENTAUX.

EXTRAIT DES COMPTES RENDUS
DE L'ACADÉMIE DES INSCRIPTIONS ET BELLES-LETTRES.

———

LIBRAIRIE MAISONNEUVE ET CIE, ÉDITEURS,

QUAI VOLTAIRE, 25.

NOTICE

SUR

QUELQUES CYLINDRES ORIENTAUX,

PAR M. JOACHIM MENANT.

PARIS.

IMPRIMERIE NATIONALE.

M DCCC LXXVIII.

NOTICE

SUR

QUELQUES CYLINDRES ORIENTAUX[1].

Les cylindres orientaux en pierre dure ont fixé depuis long-temps mon attention d'une manière toute spéciale. J'ai toujours pensé qu'ils devaient occuper une grande place dans l'étude des documents qui nous proviennent de l'Assyrie et de la Chaldée.

On sait aujourd'hui que ces petits monuments, gravés souvent avec beaucoup de soin, sont de véritables cachets. Ils appartiennent à toutes les époques et à toutes les nations qui ont occupé jadis l'Asie occidentale. Quelques-uns paraissent antérieurs au xxe siècle avant notre ère; les plus récents appartiennent à la domination assyro-perse et sont même postérieurs.

Je compte pouvoir arriver bientôt à établir un certain ordre dans l'histoire de ces documents. En me livrant aux recherches minutieuses que cette étude présente, j'ai rencontré, dans les différents musées que j'ai visités, quelques cylindres et quelques pierres gravées qui m'ont paru avoir un intérêt exceptionnel; aussi, je suis heureux de pouvoir les signaler dès à présent à l'examen de ceux que ces études pourraient intéresser.

I

Le premier objet que je me propose de soumettre à votre attention n'est pas, il est vrai, un cylindre; mais il se rattache à ces monuments d'une manière très-directe. C'est une pierre gravée, une agate en forme d'olive, percée dans sa longueur, et qui porte, gravée dans le sens direct de l'écriture en

---

[1] Cette notice a été lue à l'Académie des inscriptions et belles-lettres dans la séance du 26 octobre 1877.

elles nous donnent le nom d'un des anciens rois de la basse Chaldée, *Kamuma,* avec son titre ordinaire : *Patési* de *Zirgarla.* On comprend immédiatement que cette inscription est du plus haut intérêt. D'abord, parce que les documents de Kamuma sont rares : on en compte jusqu'ici trois ou quatre au plus qui proviennent de Zerghoul et de Warka; ensuite, parce que notre document donne un nouveau détail sur la personne de ce souverain. Son nom se rencontre toujours sous une forme idéographique qui ne nous permet encore de le désigner que d'une façon conventionnelle, mais il n'y a aucun doute sur son identité. Le titre *Patési* est celui qui était porté par tous les petits souverains de la basse Chaldée qui gouvernaient alors les villes du bas Euphrate, avant que l'une d'elles eût acquis une prépondérance assurée sur ses rivales. On sait que *Zirgarla,* qu'il est permis d'identifier avec la moderne Zerghoul, est située dans la basse Chaldée, à l'est du fleuve Hye qui traverse la Mésopotamie.

Si le nom et les titres de ce prince étaient suffisamment établis jusqu'ici, il restait encore cependant à fixer la place qu'il devait occuper, même dans une chronologie relative. Le document de la Haye va peut-être éclaircir la question. D'abord il associe le nom de Kamuma à celui de Dungi, et de plus il laisse entrevoir une certaine relation qui unit ces deux noms. Dungi est un personnage bien connu : il était roi de Ur, et fils d'Urkham, roi de Ur, le plus ancien souverain de ces contrées dont le nom soit parvenu jusqu'à nous; il régnait à Ur, à une époque voisine de celle où vivait le patriarche Abraham.

Le signe qui précède le nom de Dungi nous avait d'abord paru indiquer la filiation pure et simple, et cette indication nous aurait donné directement une succession de trois princes, en rattachant Kamuma à la dynastie d'Urkham. Mais la forme qu'on voit sur le monument ne paraît pas se prêter

suivant le grand axe de l'olive, une inscription en cinq lignes de
caractères archaïques du style de Babylone. Ce petit monument était resté ignoré au milieu de la belle collection de cylindres orientaux du musée de la Haye, où j'ai eu occasion
de l'examiner dernièrement et d'en faire faire un moulage dé-
veloppé sur lequel on a pris la photographie que j'ai l'honneur de vous soumettre [1].

L'inscription est d'une grande netteté, et d'une exécution
qui ne laisserait aucun doute sur la lecture des caractères, si
les inscriptions de ce genre ne présentaient des formes propres
aux lapicides et qui s'écartent souvent de celles qu'on rencontre dans les inscriptions ordinaires. D'un autre côté, la
quatrième ligne se trouvant sur la partie étroite de l'olive présente ainsi une difficulté de plus à l'observation. C'est ce qui
explique l'embarras que nous éprouvons pour arriver à la lecture du premier signe de cette ligne. Quoi qu'il en soit, l'inscription se lit ainsi :

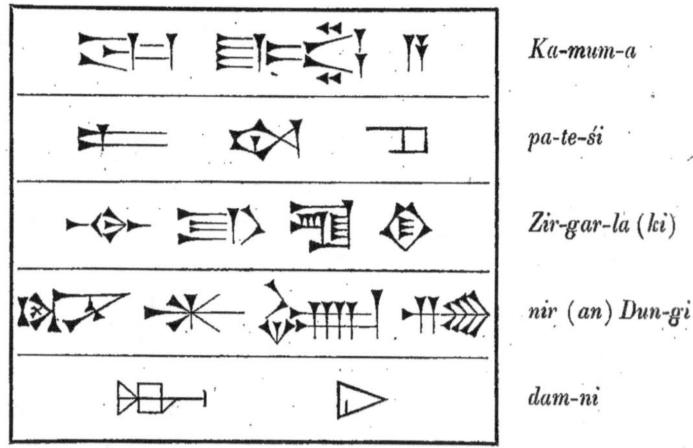

Les trois premières lignes ne présentent aucune incertitude;

---

[1] Les photographies sont dues à l'obligeance de M. A. Marguery qui a très-ha-
bilement repris sur des plâtres, et même sur des empreintes à la fumée, le cliché
qui a servi à reproduire la planche ci-jointe.

passé. On ne m'avait point indiqué la matière ni la provenance
de ce cylindre, mais tout me porte à croire que c'est un
marbre, et qu'il appartient, par son travail, à la basse Chaldée.

Le sujet présente deux scènes symétriques et identiques. Un
personnage nu, à genoux, tient une *ampulla*, de laquelle paraît s'échapper un liquide; il la présente à un taureau qui
relève la tête pour boire le liquide.

Malgré la disproportion qui existe entre le personnage age-
nouillé et le taureau, on sent que ces deux êtres sont vigou-
reux : l'ensemble, les traits, les articulations, tout est traité et
voulu avec une science du dessin bien évidente.

La taille du taureau était commandée par la nécessité d'in-
sérer au-dessus des monstres, dans la partie supérieure du cylindre, une inscription de huit lignes en caractères archaïques
de Babylone. Le second signe de la première ligne est le seul
qui ne soit pas très-visible sur l'empreinte. Je crois y voir le
signe *sé*, mais je ne le propose que pour compléter la lecture
qui ne présente plus alors de difficulté; nous avons ainsi :

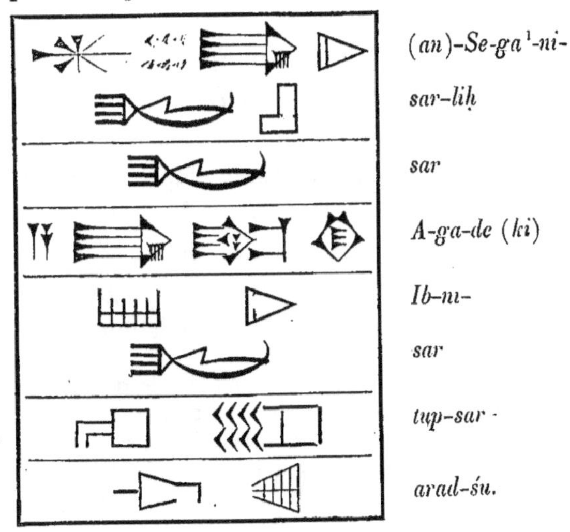

(an)-Se-ga[1]-ni-

sar-liḫ

sar

A-ga-de (ki)

Ib-ni-

sar

ṭup-sar

arad-śu.

---

[1] *Sega = Semu, magaru.*

à cette interprétation, et laisse plutôt soupçonner l'indice du signe qui précède ordinairement les noms de femmes ▷. Indication inadmissible, car il est bien établi, par tous les documents dont nous disposons aujourd'hui, que Dungi est un roi. Le document n'en reste pas moins avec une valeur historique incontestable, puisqu'il rattache évidemment Kamuma d'une manière quelconque à Dungi. Le reste de l'inscription ne présente pas de difficulté; elle peut donc se traduire ainsi : « Kamuma, seigneur de Zerghoul, lieutenant[1] de Dungi, à sa souveraine. »

Quant au monument en lui-même, c'est évidemment le milieu d'un collier complété par des pierres taillées d'une façon analogue, mais dépourvues sans doute d'ornements et d'inscriptions. L'usage de ces colliers s'est perpétué parmi les populations de la vallée du Tigre et de l'Euphrate, jusqu'à une époque relativement moderne.

II

Ce premier document me conduit naturellement à vous parler d'un cylindre qui doit appartenir à la même époque, et dont l'empreinte m'a été envoyée de Constantinople par M. Barré de Lancy, en 1865. Cette empreinte avait été prise à la fumée, avec beaucoup de soin. Malheureusement, elle laisse un signe de l'inscription très-indécis; et, malgré les recherches que j'ai faites pour retrouver l'original, je n'ai pu arriver jusqu'ici à savoir dans quelle collection il pouvait avoir

---

[1] Nous avons voulu laisser à notre communication le vague que les traces du signe indécis nous présentaient, mais depuis notre lecture nous avons fait grandir par la photographie les indices qui nous étaient donnés sur l'empreinte, et nous croyons d'après cette nouvelle épreuve que le signe est à lire ▷▷▽ . C'est l'archaïque de ◁▤ qui exprime l'idée de « lieutenant ». Cette lecture, loin de diminuer l'importance du document, lui donne un intérêt qui sera facilement apprécié des assyriologues.

C'est-à-dire :

« Au roi *Segani-sar-liḥ*, roi de la ville d'Agadé, *Ibni-sar*, satrape, son serviteur. »

Il serait fort intéressant de connaître ce roi d'Agadé; mais il faut d'abord attendre qu'on puisse lire sûrement son nom sur l'original, ce qui sera facile dès que ce cylindre sera retrouvé, car il doit être d'une belle conservation.

Agadé, « la ville du feu éternel, » suivant l'interprétation de M. Oppert, était l'une des deux parties de Sipar, « la ville des livres, » et la résidence des rois de Chaldée, avant qu'ils eussent choisi Babylone pour leur capitale. Cette ville était célèbre par la culture des sciences et des lettres. Un de ses rois, Sargon l'ancien, dont le règne peut être fixé au XIX⁰ siècle avant notre ère, y avait réuni une vaste bibliothèque dont de précieux débris sont parvenus jusqu'à nous. Mais le roi cité sur notre cylindre est-il un prédécesseur ou un successeur de Sargon? C'est ce que nous ne pouvons encore établir. Dans tous les cas, il précède le règne de Hammourabi, roi de Babylone, qui vivait antérieurement au XV⁰ siècle avant notre ère, puisqu'à cette époque Babylone était devenue la capitale de la Chaldée.

III

Le troisième monument que j'ai à signaler appartient au Musée du Louvre. C'est un cylindre d'agate, malheureusement fort mal conservé; une cassure de la pierre a enlevé le tiers au moins du sujet, et le reste est très-endommagé. On y distingue encore un personnage debout, dans le costume assyrien, une main élevée dans la pose traditionnelle de l'adoration. Derrière lui, on aperçoit un singe, puis un homme qui, la tête tournée vers lui, paraît marcher dans un sens opposé. Dans le champ, en haut, entre les têtes des personnages, deux croix ansées. De l'autre côté de la cassure, on voit l'extrémité inférieure d'un individu dont il ne reste plus que les pieds et le bas de la robe; mais cela suffit pour reconnaître un Égyptien. A ses pieds, on distingue un épervier, le dernier signe d'une inscription en caractères hiéroglyphiques qui a disparu.

Entre les personnages, on trouve deux lignes d'écriture en caractères cunéiformes du style archaïque de Babylone, et dans le champ, entre les inscriptions et le premier personnage, un cartouche égyptien surmonté d'un aigle; en haut la croix ansée.

C'est, à ma connaissance, le seul exemple d'un cylindre qui présente une inscription bilingue dans de pareilles conditions.

La première ligne du texte assyrien n'est pas complète, on y lit les trois premiers signes du nom propre *Kariri*... :

Ka - *ri* - *ri*

mais la fin manque.

La seconde ligne nous donne *Naram-Bin* (*an-im*)

Na - *ra* - *am* - *Bin*

littéralement « celui qui adore Bin », — l'adorateur du dieu Bin.

Quant au nom compris dans le cartouche égyptien, je dois me borner à en signaler l'existence à l'attention des égyptologues sans même essayer d'en indiquer les caractères.

IV

Le quatrième cylindre dont vous voulez bien me permettre de vous entretenir appartient au musée de la porte de Hal, à

Bruxelles. C'est une véritable découverte, car je ne m'attendais pas, en visitant le musée des Armures, que j'aurais la bonne fortune d'y trouver des cylindres orientaux. Il y en a cinq ou six en effet. Celui que je me propose de signaler est en lapis-lazuli, d'un travail médiocre, mais d'un intérêt tout particulier ainsi que je vais avoir l'honneur de vous l'indiquer. M. Juste, le conservateur du musée, m'en a fait faire une empreinte en cire rouge sur laquelle j'ai repris, en plâtre, une contre-épreuve qui a servi à reproduire la photographie que je puis mettre sous vos yeux.

Le sujet présente un personnage, dans le costume des Achéménides, offrant de la main droite une couronne. En face de lui, l'arbre sacré, tel qu'on le voit, du reste, sur tous les monuments assyro-perses. Dans le champ, en haut, une étoile à huit rayons; en bas, un ornement tressé tel qu'on en trouve sur les cylindres assyro-égyptiens. Derrière le personnage, trois lignes de caractères du système des cunéiformes perses.

Ce monument est donc du plus haut intérêt. Jusqu'ici on ne connaissait que trois cylindres portant des caractères perses : 1° le cylindre de Darius, en cristal de roche, appartenant au Musée Britannique[1]; 2° le cylindre d'Arsace, en cornaline rouge, conservé au même musée; 3° le cylindre de la collection Raiffé, qui a été vendu en mars 1867, mais dont j'ignore le possesseur actuel. Celui que je signale aujourd'hui est donc le quatrième.

L'intérêt archéologique de ce cylindre s'accroît, quand on interroge l'inscription, par son importance philologique. Voici d'abord les lettres qu'elle présente :

ma ⟍ *Kha*

r-s-ā

⫿⫿ *Si-y-ā*

---

[1] Ce cylindre a été acheté au Caire par M. Salt au prix de 23 livres.

Le premier signe semble avoir la valeur de *ma;* mais il est immédiatement suivi du clou transversal qui indique la séparation des mots : c'est donc un monogramme. Vient ensuite un nom propre.

Chaque nouvelle inscription qu'on découvre dans le système cunéiforme perse apporte une nouvelle lumière sur l'origine de ce système graphique. J'ai cherché à le rattacher au système assyrien, et M. Oppert, très-compétent dans cette matière, le rattache également à la même origine; seulement nous différons sur le mode de dérivation des signes. J'arrive à la solution que je désire en m'appuyant sur des considérations purement paléographiques. M. Oppert obtient le même résultat en s'appuyant sur des considérations philologiques. Je lui ai communiqué l'inscription du cylindre de Bruxelles, et nous nous sommes trouvés immédiatement d'accord pour reconnaître que le premier signe de l'inscription signifie « cachet ». Pour l'établir, chacun à notre point de vue, il faudrait entrer dans tous les détails d'une discussion qui embrasse l'exposé de nos idées sur l'origine du système graphique perse et à laquelle je ne pourrais me livrer ici. La suite de l'inscription doit contenir le nom du propriétaire du cachet. Le premier signe de la troisième ligne paraît présenter une forme nouvelle dans le système graphique perse, ⟨ ⟩; mais, en le décomposant, on pourrait peut-être trouver dans la première partie un idéogramme [1] pour désigner l'idée de « fils » et qui correspondrait à l'assyrien ⟨ ⟩; d'un autre côté les deux traits verticaux pourraient fort bien n'être que l'altération du caractère *i*. Cette légende se lirait donc ainsi : « Cachet de *Kharsā*, fils de *Siyā*, »

---

[1] On connaît déjà plusieurs idéogrammes perses empruntés à l'écriture assyrienne; aussi je signale avec empressement ceux-ci parce que je considère que l'étude de ces signes contribuera puissamment à éclairer l'origine du système graphique arien.

ou « Cachet de *Kharsūsiyā* ». Les autres caractères ne présentent pas de difficulté.

V

Permettez-moi, Messieurs, en terminant, de vous signaler quelques cylindres du Musée Britannique que j'ai examinés à différentes reprises. Ils n'ont rien de bien particulier pris isolément, mais ils m'ont offert un plus grand intérêt dès que je les ai groupés comme je vais vous le proposer.

Ces cylindres sont en hématite. Ils appartiennent à cette catégorie de cachets dont il existait des fabriques en Assyrie et en Chaldée et qui livraient au commerce des sujets calqués sur un type convenu : épisode d'une cérémonie religieuse, sacrifice, initiation ou invocation, et sur lesquels l'acheteur n'avait plus qu'à faire graver son nom dans les lignes réservées à cet effet. Je laisse de côté l'intérêt philologique qui résulte de l'étude des noms propres. Dans nos cylindres, qui sont au nombre de quatre, les caractères ne présentent aucune difficulté, mais je me hâte de mettre en relief le côté intéressant que je désire signaler ici. Ces quatre cylindres, dont j'ai relevé les empreintes, présentent, en effet, l'abrégé de l'histoire de deux familles obscures dont la filiation nous est conservée jusqu'au troisième descendant. Les inscriptions, en trois lignes, sont, du reste, conformes à la formule adoptée sur tous les cachets de cette provenance. Elles sont en caractères archaïques du style de Babylone.

Je lis sur le premier :

« Ahu-piga, fils de Habakum, serviteur du dieu Bel. »

Sur le second, je lis :

« Ibni-Bin, fils de Ahu-piga, serviteur du dieu Bin. »

Habakum est donc l'ancêtre d'une famille dont nous connaissons ainsi trois membres dans la descendance directe.

Sur un troisième cylindre, je lis :

« Nini-turam[1], fils de Ibba-Bin, serviteur du dieu Bin. »

Et enfin, sur un quatrième :

« Ibni-Bin, fils de Nini-turam, serviteur du dieu Bin. »

Nous voici donc encore en présence d'une série de trois personnages en descendance directe.

Les renseignements de cette nature ne sont pas isolés. Nous possédons déjà l'histoire de toute une famille dont le père, les fils et les frères figurent comme témoins, rédacteurs ou bénéficiaires des libéralités de Marduk-idin-akhi, roi de Babylone au xve siècle avant notre ère. A une autre époque, sous les Séleucides, des contrats nous révèlent les noms des différents membres d'une longue famille composée de plus de dix personnes, comprenant père, grand-père, aïeul, bisaïeul, frères et cousins jusqu'à la quatrième génération[2], et ces contrats portent l'empreinte d'un certain nombre de cachets, dont nous connaissons ainsi les propriétaires.

Le hasard qui a réuni au Musée Britannique les sceaux des quatre personnages dont je viens de vous entretenir nous fera peut-être découvrir un jour, dans les innombrables tablettes qui renferment des contrats d'intérêt privé, quelques actes de vente ou d'échange qui pourront intéresser cette famille, et nous donner la date de ces monuments de l'art assyrien. C'est

---

[1] *Ninituram* serait-il un nom sumérien? Le premier élément *nini* est un complexe idéographique ou allophone qui correspond à l'expression *Bel* « seigneur ». D'un autre côté, nous trouvons sur un cylindre du Musée du Louvre un nom dont l'élément *turam* paraît écrit avec le signe ⫲ qui n'a la valeur phonétique de *tur* que dans l'idiome de Sumer. Mais ce n'est peut-être pas un homonyme de notre personnage.

[2] Voyez *Documents juridiques de l'Assyrie et de la Chaldée*, publiés par MM. Oppert et Menant, pages 116, 296 et suiv.

ainsi que l'histoire des antiques habitants de l'Assyrie et de la Chaldée pourra se reconstituer. En attendant, nous en recueillons avidement les débris, parce que tous ces détails nous permettront, en les réunissant, d'arriver avec certitude à des résultats que nous étions loin de prévoir il y a vingt ans à peine.